- 개정판 -
새들이 울었던 자리가 있다
주희 시집

장미와 여우

시詩 목차

새들이 울었던 자리가 있다	10
새들의 기억 속으로	12
고양이가 포개져 있다	16
고양이를 순수라 불러본다	18
그 똥은 치우기 싫어	20
무전여행	22
샘	24
물의 가르침	26
별의 가르침	28
파도의 소리 1	32
파도의 소리 2	34
촛불	36
촛불을 바라보며	38
오체투지	40
붉은 강	42

아기	44
자고 일어나면 위대해지는 순간	46
잊혀진 계절	47
수평선이 되어	48
연못	50
종$_{鐘}$을	52
빛	58
이순$_{耳順}$	62
입덧	66
수정$_{受精}$	70
말들의 시간	74
민들레 자리	78
선상$_{線上}$을 지나는 수레	82
툰드라, 곰의 형제들	84
천 년의 바위	88

나는 한 그루의 나무였다	90
번개	94
천족운동 天足運動	98
춘향가	100
내 몸에 물방울이 흐르기 시작할 때	102
물에게 꽃이 되는 길을 묻다	106
무덤	110
매운 혀	114
새벽 창가	118
푸른 화석	122
전하지 못한 말	126
O!	132
가족	136
소금	138
촛불	142

송사리	146
불면증	154
사막의 순례자	155
사막의 계보	158
사막에 시를 새기다	164
가을은 세 갈래로 나뉘었습니다	166
돌에도 강이 흐르는가	168
숭고한 식사	169
환한 방	170
겨울산	172
동양화	174
모래성	176
재생	178
파문	180
설야雪夜	182

인사말

저는 많이 부족한 사람입니다.
부족하지만 그래도 어릴 적 쓴 시들을 모아 출판해봅니다.
시가 되고 싶지 않았고, 완전한 나 자신이고 싶었습니다.
그래서 시를 마주하고 싶지 않았고 때로는
용기가 나지 않았습니다.

그것은 마주하기 힘든 상처와 같아서
그렇게 미루고, 미루다가
십여 년 전 쓴 시들을 모아 서른이 되어 내보냅니다.

그 당시 새벽 창가를 소리 내어 읽었다면
눈물을 흘렸겠지만
이제는 내가 아닌 누군가의
일기처럼 담담하게 읽을 수 있는
시간이 흘렀습니다.

시집을 낼까 말까 고민도 많이 했지만,
작은 위안이라도 되기를 바라며 이렇게 출판해봅니다.

그 시절, 시가 자라나도록 도와주었던
라이너 마리아 릴케, 실비아플라스, 랭보에게,

저의 습작에 도움을 주신
박형준, 이경교 교수님께 감사의 인사를 전합니다

빛나는 화분을 본 적이 있다.
그것은 작은 시를 담고 있었다.
화분 안에 고인 생명력은, 희미하지만,
밝게 빛나는 어떠한 씨앗을 잉태하고 있었다.

나는 곧, 그를 외면했으나
이제 이렇게 다시 화분에 꽃을 피운다.
아주 오래 묵은, 흙 속에 있는 씨앗이지만
생명이 움튼다면, 한 번쯤 고개를 돌려
창밖을 바라보게 해줄 것이다.

그리고 거기서 잠시 멈춰, 쉬게 해줄 것이다.
창밖 난간에 올려진 작은 화분에 움트는
어떠한 생명력을 본다는 것은 빛이 닿아있는
작은 화분에 열정을 불어넣는 일.

그렇게 오래전 빛만 있었던 그 화분 속에는
새 생명이 움트는 것이다.
작은 기쁨이지만, 그 빛은 은은하게 고여
머릿속을 맴돌다, 가슴속에서 멈출 것이다.

그리고 이렇게 시를 써내려간다.
그 화분 속에 담겨있던,
말하지 못했던 파편들을 맞추며.
아직 피우지 못했던, 꽃을 틔우며
회상한다, 그 시절 찬란했던 빛을

새들이 울었던 자리가 있다

새들은 먹고사는 일
다 노래로 되어 있으니 얼마나 좋은가.

새들에게는 그 모든 것 하나라서
날갯짓의 고단함도, 저 그늘 속에 쉬어간다.

마음껏 울어도 받아줄 나무 있으니
사랑으로 건너는 일, 새에게 쉽다 하겠다.
나의 생애 또한 새처럼 자유롭다면 이 숲에 있는
모든 나무 사랑할 수 있으리라.

산길을 걷다가 산길 그 자체가 되고 싶었으나,
새가 되는 길을 물어 떠나려 했으나
먼 길 돌아와 앉은 이곳

내가 울고 있는 이 자리가,
새들이 울고
떠난 자리인가

어느새 와 있는
나뭇잎 하나
새들도 울었던 자리가 있음을 말해주는가.

성좌(星座)처럼 수놓은 그 울음
어디에나 있어
숲 곳곳 이토록 빛나는가.

내 온몸 가득 은하수 되고 나면
저 새들처럼 되려는지
눈물을 묻고 돌아오는 길

빛이 그늘진 산간에는
새들이 울었던 자리가 있다.

새들의 기억 속으로

새들의 기억은 일직선이다.

어디서든 새가 직선을 꿈꾸지 않는
자리는 없다.
그것이 수면이든, 가지 위든,
하늘이든.

점, 점, 선되기를 꿈꾸다
비로소 면과 맞닿아
빛줄기처럼 화하는 새들의 자태가

먼 데까지 날아보고자 하는 마음
지평선과 맞닿아
지는 해를 헤아리기도
수없이 했을 것이다.

해가 지는 일이 제 일인 양,
밤낮 보초 서기도 해보았을 것이다.

곤두박질치는 새의 날갯짓이
나는 마냥 부러워
곡선을 그려보았으나
이내 부질없음을 알았다.
매 순간의 연속이 직선임을.

그런 새들의 기억 참으로 평화로워
나는 멋모르게 마냥 따라다니다
안개처럼 가라앉고 싶었으나,

이내 이 몸, 저 산처럼 무거움을 알았다.
두 다리가 있어 슬퍼할 겨를도 없는
그런 영혼임을 알았다.

그러나 낙엽을 헤치고 돋아나는 새순처럼
무덤 위로 떠오른 하나의 생각.

산에 오르는 길이 새들의 가슴과 같아
숨 가쁘기도 하나,
멀리서 보면 산 그 자체가
비행하는 새의 모습이라.

오르고 내려가는 길이 결국 다 하나인 것이니,
두 발이 닿는 곳마다 중심을 이루는
나 또한 새의 부력 속에서 존재하지 않는가.

어느덧 내려갈수록 가벼워지는 발걸음.
그럴수록 더욱 아래로 향하는 힘의 중심이
이 산을 지탱하는 비밀과 맞닿아,

나는 일직선인 새들의 기억을 꿈꿀 수 있었다.
새들의 기억 속에서 살다 온 시간이여,
한 줌 먼지보다 가벼운.

고양이가 포개져 있다

고양이가 포개져 있다.
고양이가 짐을 꾸린다.
그 안에는 내가 갖지 못한 짐들이 있다.

앙증맞은 발,
호박색 눈,
말괄량이 수염.

모든 귀여움을 다 가진 지독한
고양이가 포개져 있다.

나는 고양이를 불러본다,
그러나 고양이는 꼼짝도 하지 않는다.
그저 호박 같은 눈으로 나를 응시할 뿐.

포개진 발 네 개를 살며시 잡아본다.
보자기처럼 고양이를 들어 올린다.
도둑처럼, 조심히 들어 올렸는데,
도둑이 들어왔다, 지독한 귀여움이, 마음을 훔쳐간다.

핑크빛 젤리 같은 입술을 훔쳤다.
실눈을 뜨고 나를 쳐다보는 고양이의 눈동자 속에
보석이 비친다. 애호박, 늙은 호박, 익어가는
노란빛에 내 마음이 익어 버렸다.
그 보자기 속에 내가 들어가 버렸다.

고양이를 순수라 불러본다

고양이를 뒤쫓아간다.
고양이는 도망간다, 침대 깊숙한 곳으로.

고양이는 나올 생각을 하지 않는다.
내가 뒤돌기 전에는, 어둠 속에서
앞발만 내민 채 숨어있다.

나는 고양이를 순수라고 불러본다,
순수, 그 이름은 어둠 속에서 빛나는
고양이의 눈빛과도 같다, 침대 밑에 빼꼼히 내민,
작은 앞발과도 같다.

고양이는 도망가지 않는다. 그리고 나는
침대 밑, 슬며시 나와 있는 앞발을 잡아본다.

어둠 속에서 동아줄을 잡듯이,
흔들다리에서 강을 건너듯이.

한 생명을 건너는 일,
동아줄처럼 나와 있는 하얀 발이
쉬고 가라고 말해준다.

푹신한 소파처럼 작은 발에 기대어
고양이와 눈을 마주친다.
그리고 나지막이 순수라, 불러본다.

그 똥은 치우기 싫어

그 똥은 치우기 싫어, 라고 말해본다.
지독한 똥냄새에,
오늘은 니가 똥 치우는 날이야,
라고 하고 싶다.

똥을 바닥까지 뒤진다, 아주 샅샅이.
삽으로 몇 번이고 걸러낸다.

삽질하는 동안에는 숨을 쉬지 않는다.
숨을 쉬는 순간, 그 똥은 치우기 싫어, 라는
생각이 내 머릿속에 가득하므로.

몇 번이고 걸러낸다, 작은 똥이라도
완벽히 찾기 위해. 냄새는 지독하기에
화생방처럼 비장한 각오로 삽을 든다.

괴롭지만, 고독하게 똥을 치웠다.
그렇게 나는 임무를 완수했다.
고개를 돌린 채 참았던 숨을 토한다.

살았다, 고 생각한 순간, 다시 녀석이 왔다.
모래 헤집는 소리가 들린다.

무전여행

비의 이정표는 하늘이다.
하늘이 키워낸 구름은
저마다 이정표 따라 흘러간다.
허허벌판에 서로 이름 모를
첫차이고 막차다.

어느 날 손님 한번 거하게 싣고 나면
무섭도록 덜커덕거리는 것이
궤도 속에서 이탈하지 않으려
온 힘 끌어내 써보는 모양이다.

마찰음 한 번 거세게 들리는 것이
방전되는 양이 보통이 아니다.

밤차는 어느덧 간이역에
도착한 모양인지
부어오른 눈두덩이 슬며시
매만지며 정차한다.

완행이다. 손님들 잘 도착했다며
서둘러 짐 꾸리며
한 바가지로 쏟아진다.

이윽고 이정표가 환해졌다.
철도가 개통되었단다.

공기의 유통이 원활하니
무임승차라도 좋다는 역무원
무전여행, 다시 떠나볼 심산이다.

샘

나침반을 기울이면 보이는
세상의 풍경이 평화로워
나도 모르게 달을 보며 걷는다.

달을 보며 걷는 발걸음에 샘이 솟아오른다.
걸음걸음마다, 샘이 충만해
가슴은 사랑으로 가득하다. 보름달처럼
평화로운 마음으로 샘을 보고 하늘을 본다.

잊는다는 건 행복한 것.
다행인 건, 잊힌다는 것.
샘은 기억 속에 고여 있지 않으니,
흐르는 맑은 물속에 보름달 하나 떠 있는 기쁨.

물의 가르침

한 물방울의 생애를 어떻게 보는가.
물을 마시다가 문득 든 생각.
컵에 담긴 물방울이
한껏 환해져 다시 내게 오기까지
얼마나 많은 빵, 거름처럼 삼켰을까.

모난 바위를 다듬듯이
순한 눈을 부딪쳐가면서도
제 모습을 고집하지 않는 물방울이

다시 어린아이가 되어 내 앞에 돌아온 것은
세상을 있는 그대로 보기 위한 것.
그런 물방울에게 실례란 있을 수 없으니

어느 곳에나 다 적응하는
물방울의 생애가 놀랍다.
어느 누가 물은 모든 답을 알고 있다 하였는가.
그렇다면 이 물방울을
나는 항등식으로 보아야 하나.
방정식 같은 내 속이
배워야 할 그런 진리, 이 물방울이
다 갖고 있는 것인가.

이 물방울처럼 모든 속 비워내고 나면
인생의 모든 공식
헛되다 하겠다.

물방울과 셈을 따지는 일, 입씨름할 것도 없이
흘러가 버리니, 주시하는 것만으로도
참 어렵다, 입대기가.

* 항등식: 식에 포함된 문자에 어떤 값을 넣어도 언제나 성립하는 등식
* 방정식: 어떤 문자가 특정한 값을 취할 때만 성립하는 등식

별의 가르침

내가 쓸 수 있을까, 라는 생각이
쓰지 못하게 만든다.

내가 할 수 있을까, 라는 생각이
하지 못하게 만든다.

내가 만들 수 있을까, 라는 생각이
창조할 수 없게 한다.

저 빛이 얼마나 더 나를 비출까라는
생각이 나를 어둡게 한다.

빛이 밝게 빛날수록 끝이 있는 것처럼 보여서
그 빛에 매달리게 만든다.

그래서 걸으면서, 나는 다짐한다.
추위 속에서 손이 꽁꽁 얼었다 하여도
매서운 바람을 멈추려 하지 않으리라.

그 감각을 추위라고 이름 붙이지 않을 것이며
느끼는 자가 나라고 이름 붙이지 않을 것이리라.
그저 지금의 감각, 그 자체만을 순수하게 느끼며 걸으리라.

홀로 있으나, 이 길은 나 혼자 걷는 길이 아니고
누구도 오지 않았지만, 모두가 지나갔던 길이다.
그러므로 두려워하지 않으리라.

지금은 보이지 않지만, 어딘가에선 가장 빛나는 별.
그래서 지금 보이지 않는 희망을, 없다고 말하지 않으리라.

지금 보이지 않는, 가려진 저 별도
우주 한편에선 가장 가까운 별이라는 걸,
가장 빛나는 별이라는 걸 알기에 슬퍼하지 않으리라.
그래서 슬픔으로 무한함을 속이려 들지 않으리라.

나 길 걷다 가장 밝은 빛을 발견하면
그 가능성에 나를 활짝 열어두리라.

'그 빛이 쓰리라'라는 생각이 무한히 쓸 수 있게 하고,
'그 빛이 하고 있다'라는 생각이 무한히 나아가게 한다.
'그 빛이 창조한다'라는 생각이 무한히 창조되어 왔었고
창조되고 있음을 발견하게 한다.

그러므로 그저 지금 보이는 별을 따라 묵묵히 걸어 나갈 뿐.
빛의 깊이를 재려고 하지 않으리라.
가치를 재려고 하기보단 가치가 있음을 발견하리라.

그저 빛을 따라 고요하게 걷는 그 길속에서
지금 보이지 않는 이 별도 어딘가에선 가장 밝게 빛나고 있다는,
상대적이면서도 동시에 절대적인 진리를 기억하리라.

파도의 소리 1

파도의 소리를 듣는다,
마치 어린 새가 날갯짓 하는듯한 속삭임을.

거대한 독수리가 절벽에서 하강하며
곤두박질치는, 사냥개시의 소리를.

새들이 모인 군락지群落地, 그것이 바다의 이름.
파도는 새들의 날갯짓에서 탄생한다.

목에 테를 두른, 검은 독수리.
절벽 따라 떠도는 파도의 검은 울음이
날카롭다, 부리를 세워 병아리를 채가는
발톱 자국은 정상에 가까울수록 짙어지고,
상처 속에서도 아기 새는 탄생한다.

한 생을 건너가기 위해 자신을 내던져야 하는
독수리의 집은 절벽 위. 깜깜한 수면 아래로
벗겨진 머리를 곤두박질치는 생애를
바다는 연주한다. 그리고 그렇게, 하나의 소리를 듣는다,
한 생을 건너가는 죽음과 삶의 소리.

꽃들도 각기 달라 절벽에서 자라나는 것만으로는
파도의 생애를 다 들을 수 없으리라, 그저
날개에 쓸리는 소리를 들을 뿐.
독수리의 빛나는 눈이 닿은, 명궁의 자리를 스칠 뿐.

그러나 화살의 소리를 듣고 자란 아기 새는
그렇게 바람을 일으키는 연습을 하는 것이다.
쉼 없는 날갯짓으로 날아오를 때까지.

파도의 소리 2

이곳은 어린 새가 자라나는 바다,
바람의 진동 속에서
파도가 날갯짓하며 탄생하는 곳.

지난밤, 벼랑 위 바람에 지친 꽃들은 잠들어 있었고,
우리는 오랫동안 서로의 얼굴을 마주보고 있었다.
바람이 움직일 때마다 새겨지는 단음계,
반음과 온음이 교차하는 파도의 연주를 들으며.

벼랑 위 꽃들은 여전히 침묵을 지키고,
새가 날개를 펴는 바다 위에서
우리는 같은 소리를 듣는다.

촛불

나는 깨어난다,
실오라기 하나 없이.

고디바의 전설처럼,
모를 누군가를 위해
기도하는, 마음으로.

고요한 정적 속
말을 탄 고디바처럼,
순결하게 빛나며
시詩를 읊는다.

한자, 한자 써내려간 시,
붉게 물든, 빛의 잔상.
붉어진 자리 밑으로
양수가 터진다.
자궁은 생명을 낳고자 떨리고
나는 말없이 고통을 감내한다,

고디바처럼 하얗게,
가라앉은 촛농,

뜨거워 한쪽으로 흘러내린 곳곳엔
출산의 흔적이 남아있다.

빛이 더 밝게 빛날수록
깊어지는 자궁, 탄생이란
자신의 살을 내어주는 것.

그리고 미처, 태어나지 못한
어떤 아이라도 있는 듯,
기도는 계속된다.

끊임없이 계속되는 삶 속에서,
또 다른 나를 탄생시키는 일을.

고디바 : 〈문학〉 영국의 전설적인 백작 부인.
11세기 중엽 코번트리(Coventry)의 영주였던 남편이 마을 주민들에게서 무거운 세금을 걷으려고 하자 그녀는 백성들을 생각하는 마음으로 감세를 호소하였는데, 남편이 그 말을 무시하고 나체로 말을 타고 거리를 돌면 그렇게 해 주겠다는 말을 하자, 고심 끝에 그대로 실행하였고 그녀가 나체로 거리를 거닐 때, 백성들은 그녀를 생각해 창문을 닫고 커튼을 내렸으며 문을 잠갔다고 한다. 그리고 그녀의 용기 있는 행동에 놀란 남편은 세금을 내리고 백성을 위한 정책을 펼치게 되었다

촛불을 바라보며

촛불 안에 등 굽은 노인이 서 있다,
노인의 고독함은, 그의 열정이 다른 데로
새어 나가지 못하게 단단히 붙들고 있다.

고독함을 안으로 삭힐수록,
그의 몸은 재가 되어가지만,
노쇠해져 가는 자신의 얼굴을 가만히 주시하는
그 끝에는, 완전한 하나의 집념이 서려 있다.

단단한 열정은 시간을 그치게 하고,
하나의 실재 속에서만 존재한다.
눈물을 떨구는 것으로 다시 살아나는 춤 안에서,
노인은 다시 자신의 자화상을 그린다.

오체투지
-촛불을 바라보며

나는 지금 동굴 속에 있다.

마르지 않는 눈물샘이
마주한 동굴에는
식지 않는 혼이 내부를 지키고 있다.

원래부터 무너지는 것이
자기의 일이었다는 듯이
연거푸
뒤틀림 속에 계속되는
오체투지는

바닥까지 닿고 나서야
마주할 혼조차 없음을
알게 되는 것인가.

그 작은 빛 하나 보려고,
자신의 생에 뜨거운 혼보다
거죽이 많았음을 눈물로서
참회하려고.

육탈하여 온전히 사라질 때까지
그런 남은 생을 증거 하려고.

식지 않는 눈물샘이 밀어내려
뿌리내린 물의 우화여.

차가운 얼굴이 새겨진
거기에 나의 얼굴이 있는가.

지면의 공간이 부족하여
하늘로 올라간 혼은
지금 어디에 있는가.

붉은 강

나의 고양이는 한 달을 살았다.

그림자도 보이지 않을 만큼
뼈만 앙상한 채
눈빛만으로 내게 말을 건네던 모습.

마지막으로 장식된 그의 고통은
생의 가벼움을 몰랐다.

나는 가만히
흰 열매를 따듯 그를 요람에 누였다.
숨은 새를 찾듯이 만져본 덧니는
아물지 못한 상처처럼 여렸다.

그리고 내가 잠든 사이 이른 새벽에
아버지는 아직 피도 굳지 않은
어린 고양이를
굽이굽이 흐르는 강물에
던져버렸다.

닫히지 못한 눈동자는
밀어 채는 물살에 저항 한 번
하지 않고서
안개꽃에 싸여
물의 관에 실려
그렇게 저 밑, 어딘지 모를 무덤을 향해
떠나갔을 것이다. 그리고

사방에서 흘러내리는 초유를 받아 마시며
그렇게 처음이자 마지막으로
어미의 품속에서

흰 수염까지
강물의 즐거움이 되었을 것이다.

이랑 사이로 보일 듯 말듯
뒤늦게 쫓아간 자갈밭
장마가 졌던
붉은 강.

아기

아기야,
네 목울대에서 열린 소리가 나를 울린다.
이 안에 조용히 묘비가 싹트나?

아이슬란드 서릿발 같은 눈들이 네 눈 속으로 스며들고
모든 것이 고르게, 적당히 분배된 네 몸에서
너는 너의 숨을 고르게 내쉰다.

아-앙 우는 목구멍에 달라붙은
1센티도 안 되는 작은 혹은
지구가 물렁하게 걸려 있는 것처럼 보이고
그것을 타고 솟아나온 아기의 울음은
공기에 닿아 서릿발처럼 휘날린다.

어느덧 아기의 울음은 유적처럼 어두워지고
천장에 달린 백열구의 빛이
아기의 흰 치아 사이로 흘러들 때

반짝

푸른 별이 비친다.
아기는 입을 오물거리고
촉촉한 입술과 혀가
물렁한 뼈를 보호하면서

작은 지구가 굳어갈 때까지
영롱이는 불빛 따라
아기는 오래 살 것이다.

자고 일어나면 위대해지는 순간

자고 일어나면 위대해지는 순간을 꿈꾼다.

말이 필요 없는 순간 이루어지는 그것은
단순한 환상이나 기대가 아니라,
도달할 수 있는 순간, 꿈의 발치에 닿아있는
언덕이다. 이 묘비 위에 얼마나 깊은 잠이,
비석처럼 쓰여 있는지 모르나, 잠은 깊이 흘러
맞닿는다. 늘 하나였던 심연, 꿈과 현실이 하나인 세계와.

잊혀진 계절

새들이 울었던 그 계절로 가고 싶다.
그곳에선 작은 소리들도 경이롭지 않았던가.

아직 시작되지 않은 겨울
나는 또 여기에 멈춰서 조금씩
얼어붙어 가는 강을 바라본다.

지난 계절은 너무도 혹독했다
추위 속에서 얼굴도 녹일 수 없었던
깊은 밤.
얼음은 계속해서 갈라지고
나는 한 발자국도 움직일 수 없었다.

그러나 나의 강가에 서서
하늘과 새들 사이

이제는 입김에 다 녹아 없어진
지난 계절을 추억해본다.
부드러운 잠이 시작되는
잊혀진 계절을.

수평선이 되어

물음표다, 우리 사이는.
어째서인가. 어제의 기억이 사라지지 않는 한,
마침표 될 수 없는.

네가 있는 곳 몰랐기에
아무도 내게 가는 길 묻지 않았기에
나는 줄곧 거리에 쉼표 놓으며 떠났으나

플러스되기 위해 떠난 길,
실은 마이너스가 되는 길이었음을 아는 순간,
나는 그 길의 끝에 마침표가 없다는 것을 알았다.

가는 길 내내 바람을 몰고 다닌
내 마음, 광풍이었으니
휑한 벌판, 오도 가도 못하는 허수아비처럼 그저 멈춰서 있을 뿐.

그러니 그대, 우리 수평이 되어 바라보도록 하지.
평평해진 발 닦아서
물길을 터야겠네, 한껏 열린 속
마주 보고 걸어야겠네. 그 마이너스의 길에
가뿐히 발걸음 내디뎌 수평선 되어야겠네.

은은한 그 횃대에는, 새들도 와 앉아 쉬겠지.

연못

1

하늘을 날던 새들이 연못 속에 누워 있다.
나는 고요한 울림에 눈을 감고
연못 속에 무엇이 번져나가는지 가만히 주시한다.

멍한 눈동자가 바라보는 건
아직도 움직이고 있는 작은 스침

마주한 얼굴 사이로 지나가는
내면의 풍경은
작은 떨림에도 놀라 새들 사이로 자취를 감췄다.

그리고 이어지는 정적
바람이 불기를 기다리는 연못
참지 못한 새들은 그새 연못 속으로 뛰어들었다.

2

어둠과 빛 속으로 스며들어 보이지 않는 연못
그리고 깊은 잔해 그 사이로
아직도 헤엄치는 작은 나

그 속에서 다시 탄생한 작은 새들이여
슬픈 침묵을 지키며 다시 날갯짓을 시작하는가.

돌무더기에서 건져 올린 생이
상처 입으며 건너던 그곳으로
이제 길 잃지 않고 떠나가리.

아직도 완성을 기다리는 물거품이
작은 도시를 이루는 곳으로.

종鐘을

1

지게 안으로 여무는 들판이 뒤에 남아 있는 길을
아버지와 아들이 올라가고 있다.

땀방울로 맞춰보는 해시계의 각도가
지게에 눈금처럼 새겨지는 길
고단한 등에는 왜 두세 시가 걸려 있는지

땅을 가늠해보는 작대기의 그늘이 길어질 무렵
타오르는 해 하나를 걷어 내고서야 내려온 지게는
눈이 멀어 더 이상 시간을 가늠할 수 없는 작대기에
기댄 채 잠들었다.

그리고 추수 끝난 벌판처럼 까끌해진 손으로 먹는 저녁
부자는 그렇게 저무는 하루를 지게 안으로 내려놓는다.

2

왜 새벽종은 말이 없는지
길어지는 겨울 늦자락
홀수처럼 얼어가던 고드름이 왜
내 미간에 자리 잡고 빛나고 있었는지.

아빠, 그 미소하는 찰나 속
아직도 슬픔이
남아 있는 것처럼 보여요.

수면 아래 연유처럼 흐르는 밤
흩어진 그림자는 언저리를 배회하고

왜 가장자리에는
밋밋한 얼굴이 불규칙하게 보였는지.

다시 시작하는 저녁
별의 움직임이 이슬에 운행하고 있네요.

도착한 바위가 어린아이처럼 울고
긴장한 꿈들이 날개를 펴는
그 순간
세밀한 미소가 다친 무릎을
다정하게 살피는 그 눈길이 아직도 보여요.

나는 아직도 어둠 속에 맨발 달린 영혼

그러나 나를 구하러 올 거라고 믿어요.
육신이 서글퍼도 그 눈은 흔들림이 없어요.

빛나는 고동 속에서 침몰하며
탄생하는
고드름의 생애를

축복하며!
흘러라, 종아
깊어져라, 꽃이여

미소하는 구름 속
내가 쉴 수 있게-
그리고 나를 네 안으로 보내다오.

처음이자 마지막으로
흙 속에
잠기고 싶어.

거꾸로 달린 채 깊어지는 자락이
내게도 있다면.

3

어느새 노간주나무는
나보다 훌쩍 커버리고 말았다.

형과 아버지가 지게를 지고 올랐던 언덕
나는 길가에 낡은 포대자루처럼 놓여
하나 둘, 꺼져가는 빛의 자국이
아버지의 발자국이 되어서야

지게를 진 아버지의 등을 뒤따라가며
밥풀 같은 꽃잎을 하나둘 떼어 강으로 날려 보냈다.

지게를 진 아버지의 꿈이 먼 숲처럼 작아지던 곳
아버지는 더 이상 가늠할 그림자도 없는 곳에서
시간을 잊은 채 잠드셨으나

지붕이 떠내려간 마을이 먹구름처럼 어두웠다가드
지게 하나로 올랐던 오르막길은 여전히 환한 시간을
비추고 있으니,

아버지, 새벽종 들으며 걷던 그 길을
빈 지게에 담아 내려와 주세요.

미소하는 그 얼굴로
다시 한 번만 종을 울려 주세요.

새벽의 얼굴에
울리는, 오!
종이여.

빛

동이 터 오르고 있었다.
빛은 얼마나 내려오던가, 우리 한가운데로.

새벽의 야시장으로, 잠자는 아이의 얼굴로
잠 못 이룬 이의 발치로
빛은 얼마나
오랫동안 우리 주위를 서성이던가.

보이는가, 여기
지난밤 마른 꿈을 꾸던 아이들도
겨울에는 마른 장작 속 불길이 되어 타올랐다.

한철의 소나기도 강물에 흘러가고
강물은 다시 얼음을 피워 올렸지만

겨우내 모닥불 주위를 자석처럼 서성이던
영혼들의 눈에는
여전히 작은 운성-, 꿈같은
별똥별이 흐르고 있다.

여러해살이풀처럼
침착한 계절을 보내며

소량의 빗물에도
울고 웃었지만

한 자리에 머무는 것으로
그들은 깊음을 완성했다.

그리고 지난 빛이 일체가 되어
흐르는 숲 한가운데, 나는
자기장처럼 흐르는 빛의 공간에 서 있다.

여물지 않은 아침의 쌀알이 새들의 둥지에
마른 꿈을 넣어주는

곡식의 줄기처럼
내려오는 빛이여.

안식이 필요한 자들에게는
어린아이의 잠처럼 내리고

궁핍한 자들의 가슴에는
이삭으로 여물어다오.

새벽의 종소리와 함께
빛이여 오라,
여기 잠들어 있는 이들에게로.

이순耳順

어느 날 그가 집으로 돌아와 예순의 도구를 홀로 만진다.

조상 대대로 같은 모양인 그의 귀는
가늘고 보드라운 먼지가
신주처럼 모셔져 온 감실

이제 고요히 저 혼자 명상하고 있을 법한
사당 안에는 그윽한 향도 날 법하니

심열$_{心熱}$이 재가 되어
수북이 쌓여 있는 향로에
향하나 사르는 공덕은

망치뼈가 고루 순해지고 있는
이순이라는 나이겠다.

젊은 날, 그의 귀에는 망치질하는 소리가 들렸다.
단단한 말들을 달구던
열기 속에

온갖 연장을 만들던 날들은
불간 속에 쇳덩이를 집어넣는 일들의
연속이었으니
귀는 제 스스로를 담금질한 대장장이였던 것이다.

자칫 망치가 가볍기라도 하면
못이 솟는다고
허투루 할 수도 없었을 망치질

달구어질수록 점차
옅은 빛을 띠는 쇠붙이처럼
귀는 묵묵히 듣기만 할수록
순해져 가고 있었던 것이다.

불질을 하지 않은 쇠는 부질없으니
늘 같은 일상이어도
시간을 두드리는 일을 소홀히
할 수 없었던 망치질에

쇠의 강도는 더 높아지고 있었으니
귀는 뜨거운 화로 안에
별들을 담아둔 우주의 대장간이었다.

큰 폭발 앞에서는 모든 것이
침묵이었으니, 소리가
더 이상 거슬리는 바 없는 지극한 경지에서
예순耳順의 그는 이제 모든 소리를 이해하게 되었다.

여울물에서 불을 가져와 그것으로
숯불을 지피던 대장장이의 긴 생애도
이제는 천천히 흐를 때가 되어

종일 달구어진 쇠를 올려놓았던
모루도 저 혼자 차갑게 식어가고 있는 대장간

모루뼈도 조그만 소리는
그저 흘려보내는 것으로 미덕을 실천하고 있으니
마지막 등자뼈의 등$_燈$을 끄고서
고요히 선정에 든 한 노인에게
잔귀가 먹어가는 것도 어찌 보면 축복이겠다.

* 이순(耳順)은 예순 살을 달리 이르는 말.
  ≪논어≫〈위정편(爲政篇)〉에서, 공자가 예순 살부터 생각하는 것이 원만하여
  어떤 일을 들으면 곧 이해가 된다고 한 데서 나온 말이다.

* 망치뼈, 모루뼈, 등자뼈 - 세 개의 귓속뼈. 고막의 진동을 속귀에 전달하는 구실을 한다.

* 이순(耳順)이라는 시는 단지 표면적인 60세를 의미하는 것이 아니라
  공자의 말씀처럼 되고자 하는 바람과 단어 자체가 갖는 의미로 쓴 것입니다.

입덧

달의 속살을 파내면서
완전히 삭朔이 되는 순간,
바다의 상처는 가장 깊어지지.

빛 하나 없는 곳에
바다가 저 홀로 있는 것은

그래도 파도가 있기 때문이지.
제 상처를 쓰다듬어 주는
손길에 미끄러지듯, 잠드는 것이지.

무명지無名指가 뚜렷한 이유도 없이
하얗게 밀려오노라면, 아팠던 배가
어느새 동동 떠다니고 있는 거야.

그래서겠지, 속에서 올라오는 밀물들이
뜨거워졌다가 나가는 시간 속에서,
내 속도 파도처럼 울렁거릴 수밖에 없었던 건.

얕을수록 비위가 덧나는
바닷속에서 내 안에 길을 트는 일은
아침부터 밀려오는 조수$_{潮水}$를
맞이하는 것이어서

바다의 어귀에서 말들을 함구하고
노숙해야 했지. 창자 속에서
삭이고 있는 시간들이
공복이 되는 일이었으니

소화하는 일이 쉽지만은 않았어.
하지만 고달픈 건 은혜를 베푸는 일이라고
모래를 토하면서까지
나는 말해야 했던 것이지.

사실 그것은 따뜻이 껴안는 시간이라는 걸,
나를 비워내면서
차오르는 새 생명이 만조가 될 때까지
나는 질펀해져야 했다고.

깊어져 가는 바다가 되기 위해선
기꺼이 지는 해가 되어야 했었지.
그렇게, 낙조落潮가 흐르는 시간이 되니

밤바다 위에서 떠돌이별이 되어
유랑했던 날들이

실은 달과 가장 가까운 순간이었다는 걸
이제 보름달을 출산해 놓은
밤하늘이 말해주네.

그날도 지금처럼, 우린 달과 태양과
일직선이 되어 함께 있던 거라고
바다의 자궁이 가장 커질 때는
달과 태양을 모두 껴안는 시간이지.

그럴 때 간만의 차이는 가장 커서
해수 속에서 해산할 날이 다가오고
있었던 거야.

달의 상처가 깊어질수록
그건 보름달을 위한
기다림이었다는 걸,

바다가 되기 위해 나가는 길이
나를 내보내는 일이었다는 걸
채워지면서 알았으니,

몇 번이나 변하던 바람을
이제 잠재워야지.
어느덧 내 몸은 출항할
배 하나를 띄우고 있어.

* 무명지(無名指) : 약손가락(가운뎃손가락과 새끼손가락 사이에 있는 손가락)

수정 受精
-꽃과 벌들의 시간평선이 되어

용의자의 얼굴은 허공 속에 사라지고 구름 속에서 커졌다.
사방이 어두워지고 있으니
혐의를 알 수 없는 건
꽃들도 마찬가지.

향기로 지목되는 일은 피하고 싶은
모양이니 용의자로 추정되는 이를
찾는 것은 어려워질 수밖에.

아직 정식으로 입건되지는 않았습니다.
불구속된 꽃술들이 입을 모아 말할 때
봄이 제출한 고소장이 검찰청에 넘겨지고

꽃들을 수사하는 일에
벌떼들이 출동하니

꽃들이 수사망을 벗어난다 하여도
벌이 꽃을 벗어날 수 없어라.

꽃들의 체취로
몽타주를 만들고 있으니
날로 완성되어가는 용의자의 얼굴은
벌집에 전단처럼 붙여지고

결국 공개수사를 통해
꽃들의 얼굴을 알리는구나.

수사망이 한껏 좁혀지고
잘 배치된 방에는
꽃에게 받아낸 자백들로 끈끈히 모여진
증거들이 쌓일 때.

벌들이 직접 짝지어주는
수배령 ₁₋₋₋手配令이
꽃들을 속속히 잡아들이고
그제야 범인이 드러나는구나.

꽃가루 날리며
써내려간 고발장이
범인을 검거하였으니
소송이 끝난 봄은 이제 물러난다.

새들이 취재 온 열매 하나
기자에게 얼굴이 찍히는 바람에
바로 현행범으로 체포되니

찬바람도 의심을 풀고
기분이 연중 최고가 되는 날이 왔다.

말들의 시간

해가 기울 무렵, 버스 안에 서서
창문을 바라보는 순간
트럭 위에 말 세 마리가 서 있는 것을 보았다.

노을 밑에 서 있는 말들의 모습에서
타는 태양보다는, 바라보는 노을로
이제 그들의 시대가 기울었음을,
말들은 당혹스러워하고 있는 듯했다.

지금 달려야 할 것은 자기인데도
실려 가고 있는 건강한 자신의 두 다리가
처음으로 부자연스러워 보이는 순간을
말들은 겪고 있는 듯했다.

공간에 비해 너무도 큰 말 세 마리가
서로 몸을 부대끼며
달리는 차위에서 바람을 맞으며
가만히 서 있었을 때,
모든 것이 뒤로 흐르는 상대성의 원리 속에서
그들은 지난 과거의 시간으로 가고 있었을지도 모른다.

초원을 질주하던 그때의 피가 흐르는 기억 속에서
말들의 다리는 빛처럼 여러 갈래로 분사되어

혼잡한 교통 속에서 더디게 나아가는
차의 속력이 아닌, 자신의 질주를 꿈꾸며
정지된 세상을 혼자서
움직이며 지나가고 있었을 것이다.

사람은 말을 잊고 말도 사람을 잊었는지
자기를 탔던 사람이 타고 있는 차를,
이제 자기도 타고 가야 하는
길을 모르는 말 세 마리.

어디론가 가고 있다는 것만을 인지하고 있는 것은
버스에 타고 있는 나도 마찬가지이니,
내가 서 있는 이 공간에 비하면
너무도 많은 사람이 타 있는 곳에서
나도 말처럼 서 있을 수밖에 없음을.

달려야 한다는 의무감을 잠시 접어두고
익숙해진다는 것이 편해지는 것임을
알고 있으면서도
왜 말들은 그토록 부자연스러워 보였는지.

창밖으로 마주친 말들의 눈빛에서
달려야 한다는 꿈을 느낀
어느 순간,
대지를 꿈꾸고 있었을지도 모른다.

민들레 자리

땅에 몇 평 남짓한 민들레 자리가
골목길에 민들레 피었음을 말해주고 있다.

자리만 깊게 남아 있는 것은
사는 일이 가벼워
사글셋방 처리하고 떠난 민들레 씨앗들.

민들레가 발만 남기고 사라지는 것은
이 골목에 사는 사람들이 오며 가며
그런 소원 하나씩
말해보고자 했던 것인지.

남아 있는 민들레 꽃 구경하기 어려운 것은
골목처럼 여위어가는 므은들레,
머언 곳을 향해 떠나가 제대로 터 잡고 살기를
바라는 골목의 마음이 아닌지.

머리가 가벼워, 발이 무거운 민들레, 민들레.
자신의 흔적을 지우지도 않고
떠나는 민들레 씨앗이 또 어느 골목에
들어앉는다면 우리는 언제나 같은 골목에 살고 있는 것.
우리의 보금자리가 이렇게 많아지길 바라는
그런 마음일까.

좁은 골목에 사는 사람들처럼
구석에 자리 잡은 민들레 터가
어쩐지 커 보이는 것은 아마 그런 이유일 터.

누구나 머릿속으로는 그런 희망의 꿈
부풀려 보고 있는 것이다.

보증금처럼 자리 잡은 커다란 잎사귀가
이제 저 홀로만 남은 것은
완전히 들어앉고자 하는 이 골목 사람들 마음인지

이제는 날려 보낼 씨앗도 없는 민들레 자리가
다리를 쭉 펴고 누워 있으니
나는 괜스레 잎만 남은 그 자리에
내 발 한 번 갖다 얹어보는 것이다.

선상線上을 지나는 수레

사람도 차도 별로 다니지 않는
도로가에서 버스를 기다리다
나는 한 노파를 보았다.
그는 짐수레를 끌며 도로 위를 지나고 있었다.

빨간 귀마개를 한 노인은
자신이 시가 되어 지나가고 있다는 걸 알았을까.
나는 그가 존재하고 있는 상태를 바라보았다.

매 순간이 완전하다는 것을 떠올리며
바라본 그에게는 어떤 짐도 없었다.

그가 수레와 하나가 되는 걸 택했을 때
그 짐은, 분리된 내 마음에만 존재하고 있었다.

그의 삶이 나와 맞물려 돌아가는 그 길 위에서
우리는 선상線上을 지나는 하나의 수레였던 것이다.

버스를 탈 수 없게 된
노인이
자신이 차가 되기로 한 도로 위
커브 길에서 다른 차와 겹쳐진 순간,

내가 탈 버스가 정류장으로 느리게, 도착했다.
그리고 그가 걷는 길이
내가 버스를 타고 가는 만큼의 거리가 될지도 모른다는
생각이 문득 들었다.

그러나 우리는 넓은 도로 위
한 점에 멈춰 선 선상의 수레라는 것을,

시간이 존재하지 않기에 판단할 것은
아무것도 없다는 것을

선상의 노인에게서
보았던 것이다.

툰드라, 곰의 형제들

우리는 형제다, 그래서 서로
잡아먹는다. 툰드라에서는 곰을 사냥해
가죽과 살과 뼈를 발라낸다.
* 우리에게 이렇게 도움이 되니, 그는 우리의 형제죠.

어떤 필요성에 의해, 무언의 동의로,
우리는 서로에게 기꺼이 희생되기로 약속한
형제이다.

그렇다, 형제는 피로 맺어진 것.
벗겨진 붉은 얼굴로
흰 눈 위에서 자신의 약속을
증언하는 곰의 머리.

이제 그는 우리의 가족입니다.
* 곰을 잡아오면 그 곰은 제 딸이 됩니다.
곰을 위해 아버지가 되어주는 거죠.
아내는 곰의 어머니가 되고요. 제 큰아들은 곰의 오빠가 되고,
제 딸은 곰의 동생이 됩니다.

곰이 사람이 되기 위해선
마늘과 쑥만 먹다 뼈만 남겨놔야지
제 몸에 동굴을 새기는 일

저보다 진화된 생명체에게 먹힘으로써, 그 뼈대를
물려받는, 이른바, 환골탈태.

우리는 그들을 죽이는 것이 아니지,
세상에 형제를 죽이는 일은 있을 수 없으니까.
다만, 그들의 형태를 바꾸는 일을
하고 있을 뿐.

그렇다, 생태계生態系·
살아 있는 것들은 사슬처럼 매여 있다,
생명의 수평선 속에서 어디까지나 형태만 다를 뿐.
그러나 본질은 우리와 다르지 않은,
우리는 형제, 하나임을
알고 있었던가.

먹이사슬의 고리가 돌고 도는 것도
아마 그런 이유일 터
내가 먹었던 어제의 그것이,
오늘의 내가 되는 그런 일을
우리는 하고 있는 것.

그러나 곰의 벗겨진 머리가,
흰 눈 위에서 그러했듯이
맨정신으로 하나가 될 순 없는 것이지.

귀와 눈을 막고, 재갈을 채우듯
나뭇가지로 끼워 고정해 놓은 입을 한 곰의 머리처럼

젓가락이 우리 입속으로 들어갈 때,
우리는 형태를 바꾸어 올라온 형제들의
원래 모습이 뭐였는지
모른 척, 그들을 먹어 줘야 하는 것이다.

그리고 먹기 전엔 늘 두 눈을 감고서
이렇게 기도하는 것이다.
'오늘의 나를 감사히 드시고, 잘 먹겠습니다.'라고.

- 우리에게 이렇게 도움이 되니, 그는 우리의 형제죠.
* 최후의 툰드라 3부 곰의 형제들에서 한티족이 한 말

천 년의 바위

#1

천 년이었다. 속에서만 들렸던 말들이
한 번씩 새어나갔던 것은.
어떤 말도 나를 쉽게 변화시킬 수 없었고
다른 곳으로 옮길 수 없었다.

그렇게 말들은 오랫동안 묶여 있었고
굳어버린 혀는 어떤 말도 방목하지 못했다.

입에 박힌 주먹 하나.
그것은 한 번도 펼 수 없었던 주먹이었다.

설화 속 바위처럼
바라만 보다 굳어버린 그 자리에
돌멩이 하나 구르면 그뿐.

굴러간 흔적을 찾는 일은
하지 않았다. 바위는 그저 지는 노을을 바라볼 뿐.

#2

해가 입을 벌리는 순간,
낙조의 혀에는 어떠한 말도
유창하게 흘렀다.
낙조는 나오지 않는 말들 때문에
고민한 적이 없어 보였다.

말들은 모두 치명적이었다.
언제나 독기를 품은 말들에 하늘은 붉어졌지만, 그 후엔,
독 안에 담겨 있느라 아득해진 별들이 떠오른다.

멀어진 눈으로 더듬거리며 은하의 책장을 뒤지는
별들은 오래전 시간을 읽고 있었다.

그렇게 밤의 뒷장이 얇아질수록
희미해지는 초점을 쉬려고
별들은 책을 덮고,
오래전 이야기가 전설처럼 굳어진 그 자리엔
천 년 전, 소리가 들린다.

별과 바위가 들려주는
아득한, 먼 곳의 소리가.

나는 한 그루의 나무였다

나는 폭우가 내리는
들판 한가운데에 서 있었다.

대지에는 내 새끼발가락만한 풀들이
흰 등을 내보이고 있었고
나무는 어둠을 퍼 담아
가지가 흔들릴 때마다 뿌리고 있었다.

바위가 때를 기다리며 침묵하고 있는 언덕 위에서
나무는 그 무엇도 생각하는 법이 없었다.
그저 바람이 거세질수록, 더 단단하게 대지를 움켜잡을 뿐.

대지는 자신의 목을 기꺼이 나무의 발에 내어준다.
그리고 피를 받기라도 하듯이 굶주린 입을 벌린다.

그 순간, 목자의 미소가 바람을 방목하고
피를 씻기 위해 떨어지는 대지의 사생아들.

나무는 언약을 지키고자
기꺼이 양들을 제단에 받치며 투명해져 간다.

그리고 바람이 기아처럼 정지한 순간,
바닥에는 하얀 수의를 덮은
순교자가 누워있고
제단에는 제 집을 찾은 어린양들이 놓여있다.

나무는 지하 깊숙이 겸손해지고
암흑은 아직 저 멀리 있다. 그리고
나무 사이를 야생마처럼 가로지르던 나는,

어느덧 내면 가득히 스며든 물줄기를 느끼며
나무처럼 순결해져 간다.
그리고 조용한 안식이 완성을 향해가는
들판에 서서 가만히 하늘을 올려다본 그 순간,

대지의 푸른 발
그 속에서
나는 한 그루의 나무였다.

번개
-구름과 구름, 구름과 대지 사이에서
공중 전기의 방전이 일어나 번쩍이는 불꽃-

이 수도원은 낮 동안 규율 하나 거스르지 않았다.
신부의 부재중에도 구름은 잔잔한 바다를 항해했다.
그러나 밤의 출항은 기선에 기갈을 느끼게 한다.

초조한 태양이 미사를 올리다 만 지평선 아래로
어둠은 노인의 동공에 실처럼 말려 들어가고
일몰이 스러지며 봉헌물을 내놓는다.

예배는 그들을 지치게 했다.
노쇠한 산지기는 어둠이 화병을 부수기 위해
돌진하는 것을 그저 묵묵히 지켜보고

널브러진 선구들 사이로
비는 가차 없이 무리수로 떨어진다.

옛집으로 돌아가게 하라!
사제는 한 손에 백합을 들고 나타나
새 언약을 공포한다.
(언약은 백합 같은 섬광이다.)
폭풍은 손을 들어 금자탑에 큰 글자를 새겨 넣는다.

더 높은 옥타브를 물레에 돌리며
깡마른 심금이 울리고
기도서가 한 장씩 넘겨질 때마다
꿈의 폭포가 쏟아진다.

빛의 윤무 속에서
무너지는 성전
꿈은 제 미로를 장전하고 시위를 겨눈다.

이 순간 비는 독사다.
이방인 사이를 돌아다니며
한 번도 마치지 못한 순례자의 발걸음이
가는 곳마다 얼굴에 새겨지고

예수님이 자신의 발을 찾았듯,
바람은
가시밭길 속으로
서슴없이 내달린다.

그리고 이제 또 다른 예감이 시작된다.
마른기침이 잦아들면서
잎마다 숨 가쁜 호흡은
점차 잎맥에 피처럼 굳어 달라붙고,

희미한 외침을 지우고
새들이 떠났던 들판에선
아기 새가 총총거리는 뒷발로 잔디를 밟고 일어선다.

기운 누더기를 다시 입고서
당나귀를 탄 한 사내는
아직도 혀가 굳어버린 채로 머리 깎인 들판을 가로질러 가고
작은 새는 글귀 하나 지저귀지 않았다.

그리고 빈 공터에 울리던 나직한 울음소리에
새,
더이상 귀 기울이지 않는다.

예배당에 들어오는
새로운 신자를 맞이해
제 목청을 가다듬느라.

이제 안식일을 맞아 신부는 돌아왔고
찬송가가 울리고 수도원은 다시 고요하다.
새들이 흘리고 간 그림자 아래서.

* 수도원은 하늘을 의미하고 신부는 태양을 의미한다.

천족운동 天足運動

지대물박地大物博, 중국처럼 넓은 곳일수록
섣불리 내어주고 싶지 않아 묶어두고 싶은 것인지
땅에도 나무마다 그런 전족 하나씩 채워놓고 있다.

오도 가도 못함이 꼭 옛날 여자들이라.
기형이 된 발들 지하에 꼭꼭 숨겨 놓았으니.

애정의 증표로 핀 이파리들 그토록 떨리는 것은,
이가 없으면 잇몸으로 희롱한다 했기 때문인가.

전족 바닥은 나무를 대어
딱딱 소리가 나,
나무 있는 곳 굳이 가지 않아도
소리가 말해주고 있어,

세치금련三寸金蓮
이리저리 바쁘게 뛸 필요도 없겠구나.

한 자리에 있어도,
공중에 있는 것들 알아서 내려와
살림 차리고 있으니.

다만 나무가 바라는 것은
나무도 늙어 길었던 살림 다 끝내고 나면

태풍이 제 전족 한 번 풀어주기를,
뒤집어진 발 한 번 시원하게
내놓고 보자는 것이겠다.

* 천족운동: 청나라 말에 전개된 전족 풀기 운동.
* 지대물박(地大物博): 땅이 넓고 생산물이 풍부하다.
* 세치금련(三寸金蓮): 옛날 여자의 전족한 작은 발.

춘향가

다른 꽃들은 다 시들어갈 무렵
그 옆에서 장미 하나가 솟아오르고 있다.

가시는 물러질 때도 되었건만,
어째서 저 장미는
난청인 것인지, 바람이 떠드는 소리를
안으로 삭히고 있는 것인가.

빨강을 실어 나르고 있는 장미의
저 속내 다 알 수 없어도
부드러운 잠은 계속되니
바람은 꿈속에서 왔다가 가는구나.

칼枷이 무안하게도
첫날밤의 호롱불
꺼뜨리지 않고 있으니

섣불리 가 닿으려는 손
무색이 거두어
바람이 실어다 나르는
저 춘향가나 듣고 있어야겠다.

* 칼(枷): 죄인에게 씌우던 형틀

내 몸에 물방울이 흐르기 시작할 때

내 몸에 물방울이 흐르기 시작할 때,
난 투명한 잔 속에 담겨 있었지.
물에게 나를 마셔달라고 부탁하는 일이
쉽지만은 않았어.

나의 피는 쉽게 증발되지 않았기에
오랫동안 물속에 머물러 있어야 했지.

하지만 그들의 눈치를 볼 필요는 없었어.
나의 피가 물방울과 교류하는 동안
그들은 서로 하나가 되는 일을
끊임없이 하고 있었거든.

내 몸은 음의 장단을 타는
물방울의 악기가 되었지.

물방울이 입술에서 떨어지는 순간
내 몸은 하나의 음표가 되었으니까.

피가 물이 되는 일, 원들이 자꾸만
번져가는 일이었지.
그리고 다시 되돌아와 내 몸을 조이는
반복 속에 단음표가 울리고
그 음이 내 몸을 울렸지.
그렇게, 수갑 채우는 소리가 들렸어.

물들이 스멀스멀, 내게 젖을 먹이는 동안
모자이크 처리된, 난 그들의 아기.
지쳐서 눈이 부어오를 때까지
난 울고 있었어.

온몸에 물려 있는, 이 젖병들.
퉁퉁 불어 터지기 시작하는 살갗이
칭얼대고 있었어.

너무 많은 입들이
마시기에는 충분하지 않았던 거야.

그래서 채워버린 젖꼭지를
난 얌전히 물고 잠들려고 했지. 하지만
진드기에게 물어뜯긴 것 같은
이빨 자국이 지문에 새겨지는 동안에도

끓는 물이 될 순 없었던 거니.
내 몸은 식어가기 시작했고
수면제를 먹고 감은 눈이 파르르, 떨리고 있었어.

그래, 눈물을 닦는 일은
다시 에 물을 주는 일이라고
나는 고이 잠든, 물들의 눈꺼풀을 들어 올리려 했지만,

어느새 탱탱 불어버린, 눈물의 뿌리가
무겁기만 했어.
그래, 난 이미
뿌리내린 그들의 꽃.

젖무덤 안에서
난 무럭무럭 자라났던 거야
물방울을 털어버리기로 한 그 순간

난, 욕조 안에서 다 자란 꽃이 되어가고 있었으니까.
내 몸에 물방울이 흐르기 시작할 때.

물에게 꽃이 되는 길을 묻다

저 스스로 피워 올리는
물의 꽃대 속에서

어느 나비인가 날아왔다면
수상穗狀의 중심은
흔들리지 않았으리라.

잎은 잎대로,
꽃은 꽃대로 흘러가는 단정화서單頂花序
차례로 밟아가는 나의 발걸음에
피우지 않은 꽃 있다면

그 봉오리는 꽃가마 타고
다른 혼처로 떠나는 모양이니
망울만 맺히고 피지 않는 꽃,
어디에도 없을 것이다.

그렇게 꽃그늘을 거닐다
꺾은 꽃들도 시들어 갈 무렵
피우자마자 흩어지는 꽃들의 속내
어떤 연유인가 알고 싶어

꽃 바가지 가득 퍼 담아 오면서
물에게 꽃이 되는 길을 물어보니

꽃 속을 이루는 것이
고요한 침묵이라 그 꽃은 온 데 간 데도 없는 것이니
한 점 꽃 따갈 수 있는 나비는
어디에도 없어 그 날갯짓이 허사, 건져내려는
수상화 도리어 사라져 버리고 말았으니

된서리 맞아가며 꽃대롱 한 몸 이룬
씨방 가득 기다리는 것은
한 점 바람, 한 점 햇살
제 몸속으로 흘러오는 때일 뿐.

비의 눈꺼풀이 열렸다 닫히며
가시밭이 무르익고
꽃들이 열광하며
터져 나올 때

제 몸 그득했던 향기
그제서야 밀어내고 있으니,

그 치마폭 아래 무쳐였던 향기
그제서야 나비 떼
들러붙지 않은 연유를 알겠다.

이몽룡이 행차함은
뛰고 있는 그네를 그저 바라보는 일.

그네를 움직이게 하는 것은
한 점 바람, 한 점 햇살이었으니.

* 수상(穗狀): 이삭형상
* 단정화서(單頂花序): 꽃대의 꼭대기에 단 한 개의 꽃이 붙는 화서

무덤

가슴이 뻥 뚫렸어요, 엄마.
이제 전 괜찮아요.
마음껏 웃을 수 있는 공간이 들어찼어요.
얼마나 기다려 왔는지,
제 떨리는 심장을 느껴보세요.
빈 그릇 받치는 영혼, 영혼 외엔 아무것도 아닐 빈 그릇인.

전 감정이 없어요.
왜 내겐 기쁨도, 슬픔도 없었는지 모른 채
검은 손잡이를 잡고서
창밖만 내다보며
전 그렇게 저 자신을 알아차리지 못했답니다.

밤은 너무 길고
어둠은 끝나지 않을 것처럼 보였어요.
이마는 자꾸만 지끈거리고
모기만 했던 한밤의 웅성거림은 천둥이 되어
건물들의 코를 꿰뚫으며 쏟아져 내리곤 했어요.

자, 이제 우린 의식을 시작할 준비가 되었어요.

이 성스러운 제사 앞에서
기다림에 가득 차다 못해 일그러진 제 얼굴을 보서요.

제물은, 저의 내장이에요.
차가운 철판 위에 하나씩 접어놓은
위, 장, 간 크고 작은 내장들이
징그러웠던 내 삶을 말해주고 있어요.

이 핏빛 선혈이 아름답지 않나요?
전 이제 받아 마실 준비가 되었어요.
언제나 기다려 왔잖아요.

바람벽에 쌓인 위태로운 구멍들
그곳은 이제 없어요.

비틀린 구석에서
파괴도 감당할 수 없으면서
제 몸을 스스로 가두는 천을 짓고 있는 거미가
두려우세요?
그러나 이제 불을 꺼버렸으니 거미는 살아갈 수 없어요.

희생자는,
찾아오지 않을 거예요.

그러니 이제 마저 쏟아내 버리세요.
기억 속에서 폐수가 되어
웅크린 채 엄마를 기만했던.

엄만 몇 번이고 다시 죽을 수 있어요.
그러니 이제 마음 놓고 마음껏 죽으세요.

혼자만 자란 게 아쉽나요?
그렇다면, 엄마
그동안 자라지 못한 절 위해 더, 더, 더 힘을 내세요.
전, 입을 벌린 채, 게걸스럽게 한 방울도 소중히,
빨아들일 거예요.

엄마 젖을 마시면 전 무럭무럭 자라나겠죠?
밤의 머리통이 깨진 채 나뒹구는 이 방에서
엄마의 젖과 제 입만이 남아 있다면.

전 언제나 메마른 웅덩이에 버려진 한 방울의 물이었어요.
그걸 아세요?
아셨나요?

엄만 자꾸 묘한 표정을 짓네요.
얘야, 넌 왜 마셔도 마셔도 키가 크지 않니?

엄마, 제 안에서 막 솟아오르는 유치들을 보세요.
전 생명을 빨아들이기 위한 무기가 필요해요.

우리, 즐비한 죽음들이 결코 문턱 넘어오지 못하게
메마른 무덤에 성수를 뿌리는 의식을 계속해요.

전 다시 태어났으니
엄마는 제 안에서, 전 무덤 속에서 영원히
살아가게 될 거에요.

엄마,

행복하죠? 웃으세요. 마음껏, 미친 듯이.

매운 혀

-내가 태어난 날은 비가 몹시 내렸어요.
난 두 눈에 빨강을 담고
귀를 쫑긋 세웠지요….-

나는 뻐엉 하고 터질 수 있어요.
새빨간 혀가 팽팽하게 부풀어 오르더니
팡 하고 터졌거든요.

그 후로 전 벙어리가 되었답니다.
하지만 그렇다고 흉내 내진 않아요.
이제 눈으로 말하니까요.

하루는 매운 걸 만드는 날이었어요.
내 담당은 양념이었고 준비해온 게 부족했지요.

그래서 난 점점 작아졌어요.
꽃은, 자신의 혀를 날름거리며
제 빨강을 자랑했지만
난 자꾸 작아지기만 했어요.

그러다 언니가 도착했어요.
비가 오는 날
우산 없이 문밖에서 기다렸고
양념을 더 얻었어요.

그리고 난 다시 커졌어요.
내 양념은 정말 많았어요. 보기만 해도
기분이 좋아 내 혀는 거뜬히 다 먹어 치울 것만 같았지요.
그래서 전, 시키는 대로 하려고, 하려고 했어요.

하지만 그들은 한 숟갈도 채 넣지 않았어요.
내가 아니라, 다른 것이 필요했을까요?
이젠 날 쳐다보지 않아요.
그래서 난 화가 나서 커지다 못해 팡 터졌죠.

새빨간 고추장이
내 혀에 닿았을 땐,
난 보통 크기로 돌아왔고
다시 작아지지 않았어요.

이제 저 멀리 언니의 구두가 보이고
우산 없이
저는 빗속을 터벅터벅 걸어갑니다.

혀에선 자꾸 눈물이 솟아오르고
콧등을 타고 흘러내리는 빗물은
자꾸만 입안으로 들어가지만,

정말 이건 아니에요!
새빨개진 눈을 한 토끼가 아무리 뛰어다녀도
내가 누구인지 말해줄 순 없는 거예요.

그리고 혀가 부풀어도
난 이 길을 다시 걷습니다.

새벽 창가

아빠, 이곳은 밤이 아니라 새벽이라서 무서워요.
여우가 쓸려온 밤바다의 파도가
제 귀를 스치고
저를 조용히 불러냅니다.
하얀 파도가 있는 그곳에서
아빤 저를 주워 담았어요.
이제는 낯설기만 한
그 투박한 두 손에.

눈 위 잠자리
흔들리는 벼
바위에 달라붙은 미끈한 고둥
하지만 당신은
이제 이곳에 없어요.

비가 휘몰아치던 늦은 밤,
문을 열고 들어서던 당신을 기억한 이후로
꿈에서조차
당신의 모습을 제대로 떠올릴 수 없었어요.

당신이 가신 후,
색이 없는 물감들은 바닥에 질질 끌리며
지워지지도, 떨어지지도 않고
형체 없는 문장처럼 고였어요.

그리고 전, 당신의 담뱃대 위로 피어오르던
연기처럼 흔적도 없이
파르스름한 창문이 수문장처럼 감시하는
작은 독방에서 밤을 지새워야 했습니다.

그곳에선 창백한 얼굴
창문처럼 질려가던 제 얼굴이
공기 중에 떠올랐고
당신이 가셨을 때 내게 남겨진
파란 종이들이
내 얼굴 위를 잔인하게 떠돌았어요.

그리고 이제 당신은 이곳에 없어요.
이곳에 없을 거예요
다시 오지 않을 거예요
우리 사이엔 어떤 마주침도 놓여 있지 않을 테니까요.
온 세상을 떠돌아다녔듯이
남긴 것 하나 없이 그렇게 떠나버렸으니까요.

자궁에서부터 전 이미 아빠와 상관이 없었어요.
운명은 당신을 놓아주지 않았고
작은 짐 하나 등에 짊어진 채
떠나버렸던 그 날
그때 그 짐이 당신의 슬픔이었다는 걸
이제야 알게 되었어요.
그리고 슬픔은 제 가슴속에서 다시 태어났어요.

아빠, 그러나 걱정 마세요.
창문은 부숴버렸으니까요.
온통 벽으로 된 이곳에서
슬픔은 태아처럼 하나에요.
피조물이 돌에서 나왔듯
밤이 아니라 새벽이라서 이곳은 무서워요.

푸른 화석

나는 바다로 갑니다.
그곳에는 거대한 태양, 키클롭스의 바다가
한쪽 눈을 지그시 감았다가 뜹니다.
자신의 후회를 담을 그릇을 하늘에서 퍼내고 있는 밤의 바다.

야광의 불꽃이 피어오를 때, 길 잃고 헤매는 새벽안개는
바다의 눈꺼풀입니다. 그 투명한 눈꺼풀은 바다의 심장 소리를
가만히 자신의 입술에 갖다 댑니다. 그리고 순간
맺히는 이슬마다 머물 곳 없이 떨어지는 이슬의 바다.

바다는 소리쳐 부릅니다.
내 그림자는 어디에 있나요?
빛의 망원경이 바다의 동공을 비출 때
내 눈을, 내가 볼 수 없었습니다.

오로지 갈매기가 숨 쉴 때 바다는
자신의 한쪽 눈을 태양에서 찾습니다.
그리고 곧, 바다가 손바닥을 뒤집을 때마다
푸르게 동공을 흔드는 수백의 아르고스의 눈들!

아마, 해안가 파도는 바다가 잊어버린 자신의 얼굴일 것입니다.
고향을 찾는 그의 기억은 끝나지 않을 여행을 합니다.

그리고 아버지, 당신은 시간을 거스르며
바닷속에서 태어났습니다.
지칠 줄 모르는 여행을 계속하는 당신에게
지반의 암석이 당신의 고향이고
파도는 언제나 새로운 짐을 꾸리고 있습니다.

그리고 어느덧 당신 영혼에 집을 짓고 있던 새가
멀리 날아가 버린 겨울의 긴 동면 끝
해안가 절벽에서 모래 탑이 허물어져 내리고 놀란 멧돼지가
기어오를 때,

무섭게 타서 없어지는 양 입술을 들썩이는 파도를 따라
다닥다닥 붙은 바다의 족보들이 해안가로 떠밀려 옵니다.

그리고 그 순간 모든 길들이 이곳으로 왔습니다.

이제 바다는 더 이상 말하지 않습니다.
파도는 자신의 한적함을 기다리며
그저 '당신에게로 갈 수 없어요, 갈 수 없어요.'라는
말만을 반복하며 그저 내게 다가왔다 멀어져 갑니다.

그리고 내 모자는 점점 자신의 귀한 줄 알게 되었습니다.
하늘을 향해 떠올랐을 때, 그늘 속에 집을 짓고 살았던,
나 자신의 잃어버린 화석을 그곳에서 발견했으니까요.

* 키클롭스: 그리스의 신화 속에서 동그란 외눈을 가진 거인족.
* 태양을 은유함과 동시에 절름발이였던 아버지를 떠올렸다.

전하지 못한 말

아빠는 오랜만에 만났을 때도
여전히 머리를 깎은 채였다.

나는 아무 생각 없이 걷고 있었으나
우연히 눈을 마주친 것으로
눈물을 왈칵 쏟아내고 말았다.

그 순간 나는 못다 한 말보다
무거워진 눈동자를 보았다.

그 후 다급하게 흘러간
시간은 서로에 대한 안부였다.

학교 다니느냐는 말
엄마는 결혼했느냐는 말
동생은 벌써 이만큼이나 컸느냐는 말
그래서 나를 알아보겠느냐는 말

그러나 나는 그에게 물을 말이 없었다.
알고 있었다, 지금도 여전히 그는 떠돌고 있다는 걸.

그리움이 아니었다, 눈물이 흘렸던 것은.
그것은 연민이었다.
그가 지난 시간을 후회로써 살아온 것을 느꼈다.

어릴 적 길에서 진리를 찾으러 떠난
아버지는 돌아오지 않았다.
그렇게 가방 하나 만을 매고 떠났던
그가 그때처럼 지갑을 열었을 때, 나는
그 속에 너무 많은 현금이 들어 있는 걸 보았다.

마치 전부인 것처럼, 그래서 더 받을 수 없었던 돈.
그러나 끝끝내 거절할 수 없었던 돈.

그것은 그가 돈처럼
들고 다녔던 슬픔의 무게였다.
그 후 꺼리는 동생을 억지로 이끌고
아버지를 다시 만났을 때

이런저런 말 하나도 기억에 남아 있지
않지만, 엄마에게 우리가 만났다는 걸
말하지 말라고 거듭 부탁했던 것만이 생각난다.

엄마에게마저 빚이 남아 있는
아버지였다. 나는 그래서인지
여전히 절름거리는 한쪽 다리가 안쓰러웠으나
그만 사람들 앞에서 부끄러워하고 말았다.

남루한 행색이, 너무 큰 아빠의 가방이,
억양 강한 사투리가 신경 쓰여
나는 그만 그의 슬픔을 부담스러워하고 말았다.

그래서 진심으로 따뜻하게 대해주지 못했다.
그런 상처 감싸줄 나의 마음 부족했기에.

그리고 어쩌다 집에 오던 아빠를
그토록 반기던 동생은 끝끝내
한 마디의 말도 하지 않았다.

그날 이후 아빠는 내게 자주 전화했다.
그러나 나는 받고 싶지 않았다
어쩌다 보니 늘 내 쪽에서 짧게 끊게 된
전화의 마지막 말은

아버지의 미안하단 소리였다.
자꾸만 내게 미안하다 했으나
나는 듣고 싶지 않았다.

그런 후회 차라리 없었으면 했다,
매정하기라도 했으면
원래부터 인연이 없었기로 치면 그뿐.

그리고 핸드폰이 바뀌고
마음의 부담감으로 연락을 끊은 지 오래,
이제 다시 연락하고 싶어도

내 쪽에서
저장해놓지 않은 그의 전화번호를
다시 찾을 수가 없다.

그래서 이제 모든 것 다 용서했다는 말,
해 줄 수가 없다.
그러니 그만 자유로워지라는 말,
해 줄 수가 없다.

깊게 돌이켜보지 않으면 모를 슬픔
그저 담담하게 바라보면
아무것도 아닐 것.

그렇기에 미안해하지 말라는 말,
전할 수가 없다.

O!

오직 주 만이 오해에 대한 환멸도 진실에 대한 질책도 않으신다-

당신이 그러셨다면 난 오래전에 살지 못했을 거예요.
마음의 병실에서 일어날 수 없었을 거예요.
그러나 당신이 계시기에 난 박차고 나올 수 있었어요.

난 링거도 빼지 않고 달렸어요.
내 병실은 라홈--
그들은 끝을 모른다고 했고 난 내 이름을 몰랐어요.
당신의 환자들이 줄지어 있는 곳에
난 내 명단을 올렸지요.

작은 시계의 똑딱거림
그 부산스러움이 날
병동에서 병실 창가로
인도했어요. 그때 난,
흰 눈을 보았답니다.
새하얀 마음들이
떨어졌을 때
부상당한 내 팔이
관절을 맞추며 허공을 휘저었어요.

당신은 가능하게 했어요.
나는 이제 원 속으로 들어갑니다.
지체하지 않아요, 더이상은.
내 나쁜 시력에는 안경이 제격이었는데
당신은 그걸 치유했어요.
내겐 더이상 적합한 물건이 없습니다.
이곳 하얀 병동이 그렇게 만들었어요.

내 병명은 그래요, 어지럼증이
속 안으로 밀려왔다는 거.
장기들을 치료가 필요했어요.
내 안경은 내게만 맞고
언제나 어지러운 것에 곧 익숙해지는
난 더 많은 초점이 필요했어요.

오해받고 싶지 않은 내 마음을
당신은 아실 거예요.
차라리 보기 싫은 진실이 드러나길 바랄지도
모릅니다.

아, 이제 더는 말을 덧붙이고 싶지 않아요.
했던 말에, 하지 못한 말에
하나님이 아니라면, 천사가 아니라면, 눈물이 아니라면.

내가 그때 더 나은 말을 하지 못했다 한들
그게 어때서-, 본심과 다르게 말이 나왔다 한들.

하나님, 당신에겐 도와달라는 말 한마디면 충분하지 않나요?
부족하지 않다고, 완벽하다고 여겨주실 단 한 분.

주님, 난 당신에게만 오해받고 있지 않아요.
그래서 얼마나 행복한지,
누더기 같은 모습에도 당신은---.

난 자주 병실에서 도망쳤어요.
자상한 주님!
'자상'이 무슨 뜻인지 아세요?
자기 스스로 상했다구요.
난 벌 받을 짓을 하고 도망치고 제 발로 걸어오고
무한한 반복이 제 인생에 무한한 공로로 바뀔!

그런데 지금 한 문장이 자꾸 머리를 맴도네요.
그건 시는 작은 성이 될 수 없지만
작은 성은 시가 될 수 있어---.

하지만, 반대일지도 모르겠습니다.
이제 병실에 문이 닫히기 전에 들어가야겠어요,
내 링거에 있는 약들이 다 떨어지기 전에.
오, 아멘!

가족

잠든 이슬도 깰 수 없는 거미줄을 만들고
바람을 집어넣어요.
거미줄로 된 문, 그 안에 살고 있는 자그마한 생명체들.

문풍지 사이로 들리는 무시무시한 바람소리가,
적들을 쫓아내 줄 거예요.

달빛에 기대어
눈을 지그시 떠보아요.

눈물 방울방울 아, 그림자 비친 저녁 호숫가엔
달빛인지, 별빛인지 모를 것들이 떠다녀
하얀 백조 깃털 깃털마다 간지럽히고 있어요.
살며시 비튼 모가지, 기다란 부리는 빛에 반사되어
물속 피라미들 떨게 만들어요.

거미줄은 참 단단해요.
그 사이로 보이는 하얀 슬픔이, 조그맣게 빛나서 너무 슬픈 슬픔이
이슬의 무게를 힘겨워하고 있어요.

늘 새벽이 찾아오면 거미줄에 목이 걸리고
보잘것없는 미풍으로 하루살이 하나 잡을 수 없어
흔들리는 문을 지키기 위해 온종일 떨며 보초 서야 할

가득 찬 슬픔 차오르다 못해 새어나가는 그것을,
차마 떼어내지 못하는
방울방울.

그래도 그 안에는, 백조의 깃털보다 새하얀 실을 잇는
누군가가 살고 있어요.
빛나는 손등으로 수를 놓는
아침 태양의 그림자.

아, 새벽달 걸린 그곳에
숨소리 한 가닥 짓기 위해 새하얀 손등
밤새도록 놀리는
방울방울 물방울 달린 가족들이 살고 있어요.

소금

엄마는 말할 때마다 하얀
거품을 쏟아냈다.

가정의 달에는
늘 이렇게 목이 메어

진흙을 넣고
다시 뱉는 게 어때요.
돌돌
말려진
주먹이 검은
입천장을 뚫고
나올지도 모르잖아요.
탄생은 무시무시한 거예요.

기형아라 꺼낼 수
없다니요
엄마는
오빠를 두려워해서
낳지 않았나요.

검은 밤
검은 펜
싸늘한
밤, 밤, 밤, 밥…
을 먹으며

묵은 밥 같은 삶 속에서
전 시체 하나 돌보는데 너무
오래 걸렸어요.
등 푸른 엄마의 젖은 손 냄새가
입안에 번질 때마다
그렇게 푸를 수가 없었어요.

갈라진 흠집에
물 세 들고 알을 낳아
화석처럼 굳어진 손으로
석고 조각상은 눈동자 속에서
만들어지고 있어요.

그렇게 하얗게 변색한
구멍을 막으려고
눈꺼풀은 자꾸만 닫히는데
입안으로
계속해서 소금 덩어리들이
흘러 들어와요.

아무리 물을 마셔도,
그 갈증을 감당할 수 없어요.

전,

증발할 수조차 없어요.

촛불

나는 깨어난다,
실오라기 하나 없이.

타고난 사냥꾼인 나는
곧바로 사냥에 나선다.

그 순간, 최초의 탄착점은
어둠을 꿰뚫고 온 사방에 흩어진다.

오, 이 폐기된 골동품들!
키질 한 번에, 풍요로우나
말없이 추락해버리고 마는.

그리고 내 발아래에는
광신도들이 어슬렁댄다.

종말이 왔다고 떠드는 그들의 미친 본성은
생명이 끝날 때까지 내 키를 높이는 데 일조할 것이다.

너희 중에 누가 염려함으로 그 키를 한 자라도 더 할 수 있느냐?*

그러나 내게는 그것이 가능하다.
지금은 심지가 나를 통제하고 있지만
내게 알맞은 먹이와 길이 열리는 순간,

내가 그들을 지배한다.
더이상 희미한 분신이 아닌,
그들에게 절대적인 나 자신을 선사하며.

나는 그들의 기도를 듣는다.
과연, 가만히 바라보는 것만이 그들이 원하는 것일까?

준비된 구혼자들,
그들은 홍조를 띠며
나를 연모한다.

그러니 그대 손길로 내게,
금반지를 끼워다오.

오래전 내가 존재해온 이후로
지배자, 산탄, 고대의 여인인
내게 알맞은.

양수가 새어나가는 동안
내 자궁이 그들을 다시 낳고자 떨리고 있다,
안간힘을 쓰느라 사금파리처럼.

어둠이 정갈한 척 자신의 가슴을
감추려 해도 내겐 모든 것이 보인다.

배신할 틈새를 노리고 있는, 아직 보이지 않는
반동분자들도!

이제, 모든 용서는 기한이 만료되었다.
그것이 *뱀과 두꺼비의 일인 것을 알면서도-
일렁이는 그대 눈동자 속에서
숨 막히는 빗금이 되어.

가시 뼈들!

수동적인 그들에게 움직이는
기적을 부여하는
최후의, 만찬.

나를 위해 순교한다는 것은
얼마나 큰 기쁨인가?

순교자들이 떠나고, 나의 검은
입은 어디에나 떨어져 있다.

그리고 모두 잠든 이곳에서 다시 올 어둠의
순간에 그대는 또다시 나를 그리워하게
될 것이다.

나는, 정말로
빛이므로.

---

* '너희 중에 누가 염려함으로 그 키를 한자나 더 할 수 있느냐?' (마태복음 6:27)
- 뱀과 두꺼비의 일
* 알을 낳을 수 없는 두꺼비가 뱀에게 잡아먹히면 뱀은 두꺼비 독으로 죽게 되고 죽은 뱀의 몸속에서 두꺼비 알이 자라 나온다. 그래서 뱀은 두꺼비를 먹으려 하지 않지만 두꺼비가 뱀 앞에서 약을 올리는 바람에 뱀이 화가 나서 잡아먹는다는 이야기가 있다.

송사리

- 방언 혼잡: 구약 성경에 있는 설화의 하나. 노아의 홍수 이후, 사람들이 자기들의 죄악은 생각하지 않고 바빌로니아 평야에 높은 탑을 쌓아 스스로 홍수의 난을 피하려 하자, 하나님이 서로의 뜻이 통할 수 없도록 인간의 언어를 혼잡하게 하여 탑을 세우지 못하게 하였고 사람들을 흩어지게 했다고 한다.

방언 소리가 술렁이는 강에서
술래가 되어 헤엄쳐 다니며

나는 물속에서 거울을 찾다 지쳐
구멍 난 공중 정원에 고여 있는
빛을 바라보곤 했다.

낙원 향해 행진하던 물안개가
수장을 치르러 잠시 머물고

동공의 쓰라림으로
비어 버린 내 골수에도
봄바람은 불어오는지,
자주 어린 새가 익사하던 곳

무위도식하는 얼굴들이
체류하는 이 세계에는
객지 바람을 거처로 삼은
방랑자들이 떠돌았고

흐름 속엔 모든 것이 길이었다.
그리고 그 길을 따라 이르는 곳엔
내 유골이 있었고,
그곳에서 나는 조상의 귀를 핥았다.

때론 아늑한 바위들,
〈충성스러운 집〉으로 숨어들었고
물의 토대가 수없이 무너져도
밤새 어둠이 눈 뜨지 않는 곳,
우리들의 은신처는 아늑했다.

어느덧 작은 골목 사이로 주린 배를 움켜잡고
달달거리는 자갈 소리가 들리고
어린 송사리들은 힘없이 떠내려갔지만
나는 돌 밑에서 부적처럼 선회했다.

그래서 벵골호랑이 코에 꿰인 듯
떨리는 물풀 사이로 떠내려가던 것이
죽은 조상의 귀라고는 생각지 못했다.

비의 충격이 물속에 굴절되어 온갖 상들을 보여주는 그날
조상은 미련 없이 떠나고 있었던 것이다

비틀거림이 떼로 몰려다니며
내 코에 구걸하는 체류자들 속에서
내 열정을 부드럽게 하는
거품이 부질없이 사라져 버릴 때도
한 번도 믿음을 져버리지 못한
저 먼 곳을 향해 거대한 발이 나를 들어 올렸다.

잡아끄는 힘에 놀란 나는
얼굴에 부서지는 물결 속에서
살아 있는 한 더 이상의 구경거리도 없다는 듯이
절벽 따라 떠돌았다.

하지만 아무리 날렵해도 우리를 붙잡으려고
손길을 피할 수 없는지,
마찰음이 부주의한 어린이들에게 인도했다.

그리고 살핌도 없이 내리찧는 고통을 느끼면서
내가 어디로 가버렸는지 알 수 없게 되어 버렸을 때
아이는 제 친구에게 이건 얼마예요? 라고 물었다.

아직 값을 매기지 마세요,
'난 아직 팔 수 없어요.'라고 뭉개진 아가미를 뻐금거리는 동안
뼈가 대신 말하기 시작했다, 망가진 한쪽 지느러미를
바람 따라 완성하며---.

그리고 창공에서 다시 태어난 나는 알게 되었다, 그 모든 것이
나를 경계로 이루어진 무덤이었음을.

공중에서 바라본, 무너져 내리는 물거울.
거기에 비친, 내 몸에 다닥다닥 달라붙은 화석들.

나는 남은 태양의 걸음걸이 속으로 사라져 가면서
지난 회상의 그림자와 마주섰다.

그리고 이제 어둠에 얼룩진,
시간의 화석처럼

굳어진 수면을 바라보며,
나는 곧, 내 아래 펼쳐진
투명한 장벽을 그리워했다.

자갈 하나가 수면을 강타했을 땐
더 단단한 뼈를 그리워했던,
작은 지느러미를 흔들며

세심한 반항을 하던 그곳,
내 영혼의 관을.

- 구멍 뚫린 손바닥을 바라보며
조금은 내 옷을 기워 봤습니다.
그래도 남루한 누더기는
어떻게 가릴 수가 없더군요.

술래는 어쩔 수 없는 운명이었어요.
고작 송사리에 지나지 않던 내게
그런 과분한 처사는 곧 숨을 거둘
메아리만큼이나 아찔했습니다.

창백하게 타들어 가는 거품은
한 번도 나를 정화시키지 못했어요.

공중 거울을 찾았어요.
깨진 내 얼굴이 보이나요?

육체는 쓸모없어졌어요.
그러니 이제 눈으로 요구하세요.

가능한 우스꽝스러운 모습으로

비웃음거리가 됐던 난,
다시 태어나야만 했어요.
낡은 손, 그 지저분함.

이제, 당신은 날 붙일 힘이 없어요.
내 얼굴은 어디서든 살고 있어요.
한 파편은, 당신의 심장 속으로

제 모습을 잘 기억해 두세요.
다신 없어요,
이제야 내게 붙어 있던 심장을
깨달았으니까요.

불면증

흐느끼는 갈대밭에 우는 모양으로 앉아 있는 이 밤
심각한 어린아이처럼 고개를
빼꼼히 내밀고 미풍 소리에도 꿈쩍 않는 무심한 나무 나무 나무.

밤 잎사귀가 머릿속에서 바스락거릴 때,
가슴속 고동치는 함성 속에서 일어나 우는 또 한 마리의 새가
부리로 모아 둥지를 짓는, 내 머릿속 잎사귀들.

사막의 순례자

달처럼 빛을 흡수해 빛나는
사막은 자전하는
어떤 지구를, 안고 있는 것일까.

끊임없이 지키고 있는 그것은
목마름이 찾는 오아시스일까.

그렇다면 자전하는 이 행성은
어떤 태양을, 기다리고 있을까.

그것은 길을 걷는 것만으로
답을 얻는 순례자일까.

바람의 주기에 따라 달라지는 궤도를
순례자들은 가슴 속에 태양 하나씩 품고서 걷고 있으니,
사막에 오아시스가 존재했던 이유,
자신을 찾아올 순례자들 때문이었을까.

이렇게 별들은 서로의 힘에 이끌리고 있는 것.
그리고 그 중력이 새기는 화석을 캐는 순간,
순례자들은 여행을 끝마치겠지.

하지만 그들은 어떤
흔적도 이곳에 남길 수 없을 것이다.

지구의 자전에 같은 속도로 순환하는
대기가 어떤 굉음도 허락하지 않는
것처럼 모두 하나가 되어 순환하고
있는 이 별에서는 어떤 발자국도 멈춰
있을 수 없으니.

그래도 순례자들이 사막을 찾는 이유는
사라지는 흔적 때문이지.

사막의 오르골이, 우르르 쏟아지는
모든 구멍을 막으며
침묵 속에서 자신의 발을 잊어버리는 순간,

그들은 어떤 길에도 매이지 않고
원하는 곳에 도달할 테니.

그렇게 순례자들은 빛 비춤의 순간,
지복을 향해 걷고 있는 것일까.
항성이 되는 그날에는,
어떤 어둠도 있을 수 없을 테니.

사막의 계보

눈물도 자라기 힘든
사막의 심장은 어디에 있어서
모래는 혈액처럼 끝없이 순환하고 있는지

모세 혈관 같은 그림자들이 퍼져 있는
사막에서 핏줄의 계보를 훑고 있었다.

바람의 혈통을 닮은 모래의 피는
인생 유전$_{流轉}$을 겪으며 순수하게
유전$_{遺傳}$되어 왔다. 그렇게 대를 이은

가문은 유전$_{油田}$ 탐사 지역이 되었는데,
살아생전 빛나지 못했던 이들에게
별처럼 빛나는 사막은
지체 없이 매장되기에
더없이 좋은 곳이었기 때문이다.

그들은 제 유해를 솥에 안치고,
물보다 가벼워진 채 떠오를 날을
기다리고 있었다. 은하수처럼

입을 다문 그들은, 어떤 호흡도 하지 않았다.

그리고 별이 되어 떠오른 순간,
화석이라고 불린
그들의 피는 물보다 진했고
그 어떤 피도 이들보다
쉽게 증발되는 것은 없었다.

떠날 준비가 된 그들의 순수한 피는
어떤 부패도 없었기에, 사람들은
순식간에 연소되는 피를 보며
이렇게 쉽게 울 수 있을 줄 몰랐다며
마른 눈물을 선호하기 시작했다.

그렇게 사람들의 감정에 혁명을
가져온 모래의 핏줄은, 석유石油
라고 불렸다. 그러나 감정이 돌처럼
굳은 어떤 사람들은 좀 더 많은
돌가루를 섞어 제 피를 속이고자
불을 도발하듯 전쟁을 일으켰다.

그래도 석유는 사막의 열기만큼이나
뜨거운 눈물을 흘릴 준비가 되어

있었기에 사람들은 자신을 대신해
울어 줄 그 눈물을 어디에나 사용하기 시작했다.

하지만 모래의 핏줄은 순환에 장애를 가져왔고
그 울음의 끝은 언제나 지독했다.

그리고 눈물샘도 말라갈 무렵,
사람들은 수혈할 새로운 피가 필요해졌다.

그렇게 사막은 잊혀져 갔고
나는 눈물이 부패한 이유를 알고 싶어서
사막에서 마른 눈물의 역사를 되짚어 보고 있었다.

그러나 사막에서 모든 영혼은
역사를 거둬들이고 있었다. 밀려오는 모래는
모든 근원에 자신을 맞추는 것으로 지난 기억을
지워버렸고, 그런 사막에게 상처란 없었다.

어떤 뼈에도 사막은 기꺼이, 살이 되어 줄 수 있을 것 같았다.
다시 태어나고 싶은 나는, 엄마를 불러 보았다.
그리고 그 순간 모래가 갑자기 무덤이 되어 떠밀려 왔다.

출산은 순식간에 이루어졌다. 탄생의 울음은
무덤의 통로를 거쳐 지독하게 울렸고 탯줄을
떼는 일은 지난 묘비를 지워버리는 걸로 대신했다.

그리고 주검이 화석이 되어버린 무덤 속에서
다시 태어난 나에게 엄마는 말했다.

사막의 핏줄에 별들이 흐르기 위해선
매 순간 무덤을 수태해야 했다고.

어느덧 눈에서 눈물이 떨어지기 시작했다.
그러나 눈물은 지난 생의 이물질을 씻어내느ㅡ
검게 흐르고 있었다.

그랬었다. 눈물이 부패한 이유.
그건 바로 오래된 죽음의 흔적 때문이었다.
출생의 혈흔이 지워지는 사막에서
나는 내 유골을 묻기로 했다.

나의 무덤은 끝이 없었다. 얼마든지 무덤은
다시 만들어지고 있었다. 대신 내게 아버지는 없었다.

바람과 모래는 서로의 핏줄에
이끌리고 있어, 사막에는 그 밖의 어떤 수혈도
필요치 않았기 때문이다.

그렇게 나는, 무덤 속에서 화석이 될 때까지
머물러 있기로 했다. 언젠가는 순례를 마친
영혼이 되어, 나의 별로, 돌아갈 때까지.

사막에 시를 새기다

호흡이 화석이 되는 지도를
펼쳐든 내 두 손 가득 모래가 밀려온다.

바람이 긋고 간 일 획 속에 지도안의
길이 열렸으니, 어디로 가든 사막 전부가

작게 축적된 이 한 줌 모래 속에 있는 거라면,
이곳에 묘혈을 파고 눕는다해도 상관없을 터.

그러나 내 몸의 기호를
지도 어디에 표시해야 할지 막막한 사막에서
오아시스가 그리운 것은

무모한 사랑을 기다리고 있을 아데니움처럼
내 몸도 한줄기의 비를 기다리고 있기 때문일까.

길을 묻고 있는 내 피가 한순간의 방전에
실려 갈 수 있다면,

모래의 문장을 몇 번이나
되새길 필요 없이 어떤 퇴고도 필요 없는 화석이
내 몸에 새겨질 것이다.

그리고 어떤 지문도 채취할 수 없는 모래 속에서
나의 피는 무명씨로 보고되겠지.

그렇게 신원은 보장될 것이다, 내가 지도의
어느 부분을 두 손에 감췄는지 모르게.

가을은 세 갈래로 나뉘었습니다

이제 가을은 세 갈래로 나뉘었습니다.

아직 오지 않은 계절과
이미 온 날들
그리고 이제 올 가을이-,
모두 하나가 되어
흐르는 이곳.

그 밝음을 함께 나누며
나는 다시 살아가고 싶습니다.
가을처럼
모든 허물을 버리고-

지나간 어둠과
이제 내게로 올 말들이-
낙엽처럼 소곤거리는

발자국을 옮기기도 전에
바스락거리는 소리가
문 앞에서 웅성거리는 그 계절을-.

순간 빛났던 말들도
다 지나갈 테지만
나는 다시 올 가을처럼

세 갈래로 나뉜 가을처럼
천연하게 빛나는
이 순간을 살아가고 싶습니다.

돌에도 강이 흐르는가

강은 소리 없이 안으로 흐른다.

어둠 속 바람이 고개를 돌릴 때에도
강은 귀를 바닥에 대고
제 길만을 더듬어 나아갔다.

등 굽은 강이 희끗해진 머리칼을 다시
햇빛에 말릴 때, 물먹은 동공을 흔드는 강은
어린 아이의 눈을 가졌다.

안으로 흐를수록 견뎌야 했던
시간들.

그리고 이제 돌에도 강이 흐르는가.
얼굴이 희어진 강은 돌처럼 깊은 방을 품고
돌은 강처럼 소리 없이 안으로 구른다.

숭고한 식사

파리가 똥을 드시는 것이
함부로 말할 수 없는
숭고한 일인 것을 내 이제야 알았다.

세상 모든 것 아랑곳하지 않고
아무 데나 발 비비는 것이
참으로 이 모든 것
마음속에 있음을 알려주시는 것이다.

파리에게는 똥이 보약으로 보이니
우리가 생각하는
그 똥이, 그 똥이 아니로다.

많은 것을 통달하신 모양이니
그것참, 입 댈 수 없는
숭고한 식사로다.

환한 방

열린 얼굴로 바라보는 강의 내부가
실처럼 흘러서
꽃들은 작은 몸짓에도 서툴지 않다.

바람을 타는 못내 속이
저 흔드는 향으로
방 하나 들여놓겠다는
심산이다.

그림자를 걷어내며
발밑으로 기어든
환한 방.

꽃들의 바라는 마음이
한방의 햇살만치 투명해
미소다, 한순간을 포착하는 미소가
돌에도 새겨진다.

순한 웃음 짓는 돌 위에도
따끈한 방 하나 들여놨다.

겨울산

겨울
눈 덮인 산을 보았다.
그 속에 시리고 흰 발
앙상한 가지에 내딛는다.

애써 노루가 뛰어가고
창공에 걸린 노란 달
파먹은 흰 실금

겨울 샘에 쏟아지는
샘의 이빨들
갈라진 틈 사이로

기나긴 장례식 떠오르는
영혼들
성전을 향해 휘어진다.

열 개의 열린 기둥
사이로 헛간 넘어
양의 보풀이 흩날리고

피와 살은 녹아
뼈째로 드러난 양들이
서로 꼬리를 뒤쫓는다.

앙상한 모습으로
둥글게 원을 그리며
제 목숨을 찾느라 바쁜 듯

동양화

산마다 관을 짜던 나비는
한 장의 이불로 내려앉고

강마다 수은주는
물의 피를 재네.

깊이를 알 수 없는 그림자가
그를 거두고

나무가 강을 이고
노를 저으니

사공은 머물 곳 없이
숨은 안개 속으로 사라지네.

모래성

푸른빛이 비치는 성에서
나는 잠시 나왔습니다.

그곳은 민들레 씨가
부풀어 오르는 작은 성-
하늘로 부유하는
나의 집이었습니다.

나는 문을 열고
세상을 바라보았습니다.

그리고 자리 잡은 곳은
개미들의 밀담이 오가던 길.

사막의 거울--
빛나는 모래성 안에서
북새통으로 밀려오던 바람.

신들의 눈처럼 맑은
수정은
호흡 밑에서
요술처럼 빛나고

방랑으로 채워진 세계에서
나는 바람에게 나의 집을 내주었습니다.

이제 나의 집은
저 멀리 나를 두고 떠났습니다.

그리고 이곳에는 생명의 크나큰 키스가
모래알을 끼고서 돌고 있습니다.

재생

언제나 우울하게
잎이나 껍질이 아니면 아무것도 될 수 없었던 사람들.

상처가 약이 되어야 했던 말들을
바람과 통신하세요.

미리 왔던 길을
흙이 또다시 덮어줄 거예요.

그대 안에서 저물어 가는 것이
새 생명 움트는 것임을 보게 될 거예요,
변하지 않는 사랑 늘 있었음을
느끼게 될 거예요.

파문

돌을 던지자, 파문이 일어난다.
나는 작은 열매를 따듯 돌을 던졌으나,
강은 그 열매를 고이 묻었다.
떨어지는 잎새가 열매를 숨긴다.

나는 씨앗을 심고자 한다, 더 큰 씨앗을.
자갈을 던지자, 강은 벌처럼 우글거린다.
더 많은 꿀을 탐하고자,
자갈을 연이어 던졌으나
꽃에 가려 꿀을 탐할 수 없다.
파문은 지독하게, 열매를 숨긴다.

나는 돌 하나에 꽃 하나를 불러본다.
꽃이 피어 가라앉지 않도록
돌을 들었으나, 파문은 허락하지 않는다.
그저 피었다 지면서 꽃의 생명을 다할 뿐.

강 앞에서 어떤 돌이든 공평하게 피었다 진다.
그래서 나는 미련을 남기지 않으려 한다.
웅성거리는 벌들의 소리를 들으며,
꽃을 따는 순간, 그 달콤한 순간만을 느끼려 한다.

설야

깊은 밤,
흰 눈이 내리던 날
나는 찻주전자에 담겨

활활 끓는 보리차처럼
진동했었네.

얼어붙은 유리문 옆에서
깊은 숨결 서로 나눠주고 있었네.

흰 눈꽃이 뜨거운 숨결을 녹이고
함께 있음으로써 서로를 완성하는 순간

너는 깊은 건반, 나를 소리 나게 하는 그런
악기임을 알았네.

끝맺음

위대함

위대함은 자신이 아닌 것에서 오지 않는다.

그래서 인간은 끊임없이 싸워야 한다. 자기인 척하는 자기 아닌 것들과.

들뜬 부유물들을 가라앉히고자 무덤 속에 자신을 묻어야 한다.

심연깊이 가장 먼저 가라앉아야 한다.

그래야 순도로 정제된 수심 속에서 비로소 빛날 수 있기 때문이다.

비로소 자기 자신이 될 수 있는 순간이, 찾아오기 때문이다.

새들이 울었던 자리가 있다
- 개정판

2023년 5월 1일 개정판 1쇄 발행

지은이 | 최주희

표지디자인 | 정치은
책임편집 | 이경민
디자인 편집 총괄 | 이경민

발행인 | 이경민
발행처 | 장미와 여우 (15번지)

저작권자 | 최주희

출판사 연락처
전화 | 010-5148-9433
이메일 | novelstudylab@naver.com
홈페이지 | http://novel15.net/

ISBN 979-11-975591-8-1

이 책은 저작권법에 따라 보호받는 저작물이므로 무단전재와 무단복제를 금지하며,
이 책 내용의 전부 또는 일부를 이용하려면
반드시 저작권자와 출판사의 서면 동의를 받아야 합니다.

정가는 책 표지에 표기되어 있습니다.
파본이나 잘못된 책은 구매하신 서점에서 교환해 드립니다.

도서 제작 과정에서 아래의 폰트를 사용했습니다..
'KoPub바탕체, 고운 바탕, 태룡고딕240, Noto Sans CJK KR'
창작자들을 위해 무료로 배포해준 폰트 제작자 여러분에게 지면을 빌려 감사의 마음을 전합니다.